Julia Barthel • Sigrun Eder • Christian Angerer

BAND 38
SOWAS!

Starke Gefühle

Pädagogische Psychologie für Zuhause

Streiten
Zähneputzen

Das Einmaleins der Erziehung in 12 pädagogischen Vorlesegeschichten mit praktischen Tipps für Eltern

edition riedenburg

Bibliografische Information der Deutschen Nationalbibliothek
Die Deutsche Nationalbibliothek verzeichnet diese Publikation in der Deutschen
Nationalbibliografie; detaillierte bibliografische Daten sind im Internet über
http://dnb.d-nb.de abrufbar.

Dieses Buch ist in einer verlagskonform geschlechtsneutralen Schreibweise verfasst
und soll alle Menschen dieser Welt ansprechen.

Wir verstehen uns als Verlag für Diversität und Inklusion aller Persönlichkeiten, auch
wenn in diesem Kinderbuch bestimmte stereotype Charaktere abgebildet sind.

Besonderer Hinweis

Markenschutz

1. Auflage	Mai 2024
© 2024	edition riedenburg
Verlagsanschrift	Adolf-Bekk-Straße 13, 5020 Salzburg, Österreich
Internet	www.editionriedenburg.at
E-Mail	verlag@editionriedenburg.at
Lektorat	Dr. Caroline Oblasser
Satz und Layout	edition riedenburg
Herstellung	Books on Demand GmbH

ISBN 978-3-99082-153-4

Inhalt

Wer hat's gemacht?

Julia ist als staatlich anerkannte Sozialpädagogin seit über zehn Jahren in einer Frühförder- und Frühberatungsstelle tätig. Sie berät Eltern im Hinblick auf die kindliche Entwicklung und ist somit mit alltäglichen Themen, die (fast) alle Familien beschäftigen und herausfordern, sehr vertraut. Darüber hinaus haben sie persönliche Momente mit ihren Kindern für „Starke Gefühle, Streiten, Zähneputzen" inspiriert und motiviert.

Sigrun ist Klinische Psychologin und Systemische Familientherapeutin. Als Mutter von Zwillingen kennt sie typische Herausforderungen im Familienalltag. Sie weiß auch, wie sehr Kinder liebevoll zugewandte und präsente Eltern benötigen. Mit ihrer SOWAS!-Buchreihe vermittelt sie einerseits kindgerecht psychoedukatives Wissen, andererseits bestärkt sie Kinder und Eltern darin, gemeinsam Probleme zu lösen.

Christian ist gelernter Werbegrafiker und hat dieses Buch illustriert. Als Vater von zwei Jungs kennt er einen turbulenten Familienalltag und weiß, wie gut ihm als Leadgitarrist die Musik tut, um abzuschalten.

EINLEITUNG UND HANDLUNGSANWEISUNGEN

Starke Gefühle, Streiten, Zähneputzen und mehr – Die in diesem Buch beschriebenen, auf den ersten Blick harmlosen Situationen können Eltern im täglichen Familienalltag an ihre Grenzen und darüber hinaus bringen. Da geht es Ihnen wie allen anderen Eltern!

Kritische Phasen mit Kindern verschiedener Altersklassen sind bei vielen Familien so allgegenwärtig, dass sie dieses Buch wert sind.

Jedes Kind ist einzigartig! Kinder brauchen daher präsente Eltern.

Präsent sein als Eltern heißt,

- sich aktiv in den Elternmodus zu versetzen und das Kind und seine Bedürfnisse im Fokus zu haben,

- zu merken, wie es dem Kind geht und ihm in verzwickten Situationen gelassen und liebevoll zur Seite zu stehen.

- im bewussten Kontakt mit dem Kind den eigenen Alltagsstress beiseite zu legen und sich auf das Kind und sein Erleben der Welt einzulassen.

Je kleiner die Kinder sind, desto präsentere Eltern benötigen sie. Denn in ihrem Miniversum gibt es nur sie und ihre primären Bindungspersonen.

Die ersten Lebensjahre sind für Eltern meist herausfordernd, jedoch für Kinder gleichzeitig auch sehr prägend. Dieser Umstand bedeutet eine Menge Verantwortung für alle Eltern, da hier die Weichen gestellt werden. Besonders bei der Emotionsregulation sind Kinder auf ihre Eltern angewiesen. (Klein-)Kinder können starke Emotionen erleben, sich jedoch noch nicht alleine beruhigen. Gerade da brauchen sie ihre Eltern und am besten Körperkontakt, sofern dieser vom Kind zugelassen wird.

Sie brauchen außerdem Hilfe dabei, die richtigen Worte für die jeweilige Situation zu finden. Und sie brauchen Eltern, die erkennen, dass sich Kinder dann gut leiten lassen, wenn die Beziehung zueinander liebevoll und wertschätzend ist.

Eltern sind somit gefordert, für eine Weile ihre Bedürfnisse ein Stück weit hintenan zu stellen. Paare können sich gut dahingehend absprechen, wer gerade präsent sein soll. So kann der andere Elternteil für sich sein und Energie auftanken.

Alleinerziehende sind darauf angewiesen, ihr Unterstützungsnetzwerk zu aktivieren oder können in der Besuchszeit des getrennt lebenden Elternteils etwas ausspannen. Doch Eltern sind auch nur Menschen und reagieren manchmal über. Fehlermachen gehört zum Elternsein dazu und betrifft ausnahmslos alle Eltern.

Jede Situation, in der Sie anders reagieren, als Sie sich das wünschen, ist jedoch gleichzeitig auch eine Chance, Ihre Muster zu hinterfragen.

Überlegen Sie sich,

- was Ihre unpassende Reaktion ausgelöst hat
- und was es braucht, um wieder in den angestrebten Elternmodus zu kommen.

Kinder können verzeihen, wenn aus den Fehlern Gutes entsteht. Sie merken, dass ihre Eltern in ihrem Verhalten voraussagbar, verlässlich, authentisch und ihnen zugewandt sind.

Perfekte Eltern sein zu wollen, ist nicht zielführend. Es reicht vollkommen aus, eine gute Mutter, ein guter Vater sein zu wollen.

Fragen Sie sich regelmäßig, wie nah Sie am eigenen Anspruch, eine gute Mutter, ein guter Vater zu sein, dran sind. Nehmen Sie bewusst Situationen wahr, in denen Sie selbst im Unterschied zu Ihren eigenen Eltern positiv anders reagiert haben. Schließlich erinnert sich jede:r von uns an Situationen aus der eigenen Kindheit, wo die Eltern anders gehandelt haben, als es einem gutgetan hätte.

Vor allem in Stresssituationen neigen die meisten Eltern dazu, so zu reagieren, wie sie es von ihren eigenen Eltern als Kind erlebt haben. Umso wichtiger ist es, diese Automatismen wahrzunehmen und dagegen zu steuern. So können Sie dem verletzten Kind in Ihnen selbst im Nachhinein Gutes tun und Ihr eigenes Profil als Mutter oder Vater schärfen.

Denken Sie daran: Sie haben die Schwangerschaft, die Geburt und die ersten Lebensjahre geschafft. Sie kennen Ihr Kind schon ziemlich gut und sind selbst in Ihrer Elternrolle sicherer geworden.

Vertrauen Sie darauf, dass Sie eine gute Mutter, ein guter Vater für Ihr Kind sein wollen, sonst hätten Sie dieses Buch nicht gekauft. Machen Sie das, was gut funktioniert, und davon gerne mehr.

Dinge, die nicht funktionieren, wiederholen Sie nur so oft, bis Sie wissen, dass es keinen Sinn macht. Sehen Sie Ihr Kind, wie es ist, und reden Sie mit ihm auf Augenhöhe.

Unterstützen Sie die kindliche Autonomie und halten Sie es aus, wenn sich Ihr Kind anders verhält, als es Ihnen gerade lieb ist. Es ist ein Kind und es ist seine Aufgabe, seinen eigenen Weg zu gehen und zu einer selbstständigen Persönlichkeit heranzuwachsen. Mit Ihnen als liebevolle Eltern im Hintergrund, die da sind, wenn eine Aufgabe eine Nummer zu groß ist, und ein Pflaster oder eine Umarmung Wunder wirken können.

Hinweis zur Lektüre

Unser Buch ist in insgesamt 12 Kapitel unterteilt. Sie folgen stets demselben Aufbau:

- Eine kurze Vorlesegeschichte für Kinder stellt die Herausforderung im Familienleben vor.

- Im Abschnitt „Worum geht's?" fassen wir die wichtigsten Punkte zur Thematik der Geschichte für Erwachsene nochmals kurz zusammen.

- Im Abschnitt „So können Sie hilfreich sein" erhalten Eltern konkrete Handlungsempfehlungen.

- Im grau hinterlegten Kasten werden weiterführende pädagogische und psychologische Maßnahmen erläutert, die dem jeweiligen Problem dienlich sind.

- Auf der „Kinderseite zum Mitmachen" daneben dürfen alle Kinder (gerne mit Hilfestellung Erwachsener, so sie noch nicht lesen und schreiben können) direkt ins Buch hineinschreiben und/oder malen.

- Auf den Doppelseiten „Das hat gut funktioniert" sind Erwachsene dazu eingeladen, das aufzuschreiben, was gelungen ist und sich bei der jeweiligen Herausforderung bewährt hat.

- Und nicht zuletzt eignen sich die Kapitelbilder natürlich perfekt zum Ausmalen.

Nun wünschen wir Ihnen gute gemeinsame (Vor-)Lesestunden und sind zuversichtlich, dass Sie sich in Ihrer Elternrolle sicher und kompetent fühlen und den Familienalltag souverän meistern.

Julia Barthel & Sigrun Eder

NOAH ZIEHT SICH AN

Das Wochenende ist vorbei und Noah freut sich schon auf den Kindergarten, weil er dort seine Freunde Luis und Emilia trifft. Die Kleidung für den nächsten Tag hat Noah gestern Abend gemeinsam mit Papa ausgesucht und bereitgelegt. Und sogar von Kopf bis Fuß geordnet, sodass er nur noch der Reihe nach in die Kleidungsstücke schlüpfen muss. Mama sagt dazu „Anziehstraße".

Normalerweise fällt es Noah ziemlich schwer, sich für die passenden Anziehsachen zu entscheiden. Ganz besonders morgens, wenn wenig Zeit ist. Er liebt fast alles, was in seinem Schrank liegt. Außer den roten Pulli mit dem Hai vorne drauf. Der fühlt sich total kratzig an und das Schildchen hinten am Nacken stört ihn obendrein.

Noahs Lieblingskleidungsstück ist die Latzhose mit dem gefährlichen Tyrannosaurus Rex darauf. Die möchte er am liebsten jeden Tag anziehen. Doch das geht nicht: „Deine Latzhose muss regelmäßig gewaschen werden", sagt Mama. Momentan trocknet sie am Wäscheständer. Deshalb hat sich Noah die schwarze Hose und das Shirt mit dem Feuerwehr-Aufdruck bereitgelegt.

Heute bringt Papa Noah in den Kindergarten. Papa ruft aus dem Badezimmer: „Noah, fang bitte schon mal damit an, dich umzuziehen. Ich brauche noch einen Moment und bin gleich bei dir."

Das gefällt Noah nicht. Er möchte, dass Papa ihm sofort hilft. Alleine mag er sich überhaupt nicht gerne anziehen.

„Ich warte lieber auf Papa", entscheidet Noah still für sich und geht zu seinem Holz-Parkhaus.

Nach einiger Zeit hört er Papas Stimme: „Noah, bist du fertig? Wir müssen gleich los, sonst komme ich zu spät zur Arbeit!" Noah spielt noch immer mit dem Parkhaus und denkt gar nicht daran, sich anzuziehen. Schnell versteckt er das Feuerwehr-Shirt und die schwarze Hose unter der Bettdecke. „Wenn die Kleidung verschwunden ist, kann ich mich nicht anziehen", denkt er sich.

Plötzlich steht Papa vor ihm. „Noah! Du bist immer noch im Pyjama? Puh, das wird knapp! Wo sind deine Sachen überhaupt?"

Noah zuckt mit den Schultern und sagt zu Papa: „Du musst sie suchen!"

Papa blickt ungeduldig auf die Uhr und sagt: „Okay, wir machen uns was aus: Ich suche deine Kleidung, und wenn ich sie gefunden habe, ziehen wir sie im Turbomodus an. In der Küche musst du dann deine Brotdose für den Kindergarten suchen. Wenn du sie gefunden hast, fahren wir sofort los. Einverstanden?"

Noah nickt und freut sich, dass er vor dem Kindergarten noch kurz mit Papa spielen kann.

Papa beginnt mit der Kleidungssuche und findet die Sachen tatsächlich unter der Bettdecke. „Du Schlingel!", lacht Papa und wirft Noah die Hose und das Shirt zu. „Und jetzt helfe ich dir beim Anziehen. Wir fangen mit der schwarzen Hose an. In das T-Shirt schlüpfst du selbst, während ich in der Küche ein gutes Versteck für deine Brotdose suche. Mal sehen, wie schnell du sie findest", sagt Papa.

„Abgemacht", bestätigt Noah und schnappt sich das Shirt.

Wenig später eilt Noah angezogen in die Küche. Dort sucht er voller Begeisterung seine silberne Brotdose im Mülleimer und im Kühlschrank. Doch da ist sie nicht. Dafür entdeckt Noah sie hinter der Kaffeemaschine. „Gefunden!", jubelt Noah und packt sie in seinen Rucksack.

Worum geht's?

1. Achten Sie darauf, ob sich Ihr Kind tatsächlich eigenständig ankleiden kann. Wenn nicht, ist diese Aufgabe noch eine Nummer zu groß für Ihr Kind.

2. Helfen Sie Ihrem Kind, das Ankleiden schrittweise zu erlernen. Ziehen Sie Ihrem Kind dazu einen Socken an und ermutigen Sie es, sich den zweiten selbst anzuziehen.

3. Helfen Sie Ihrem Kind bei den im Moment noch schwierigen Kleidungsstücken und erklären Sie, wie es leichter geht.

Wie können Sie hilfreich sein?

Verzichten Sie auf Druckmachen, vor allem dann, wenn Sie selbst unter Zeitdruck stehen. Ein solches Verhalten erzeugt Gegendruck und schlechte Stimmung, die morgens definitiv niemand braucht.

Betten Sie das Anziehen in ein Spiel ein: Tipps

- Das Kind soll sich während des Lieblingsliedes anziehen.

- Die Zeit wird gestoppt und das angekleidete Kind wird mit in die Luft werfen oder einmal Durchkitzeln belohnt.

- Wettanziehen mit Mama oder Papa am Wochenende.

- Die Eltern machen extra alles verkehrt und das Kind darf korrigieren: Die Socke wird umfunktioniert zum Handschuh, die Hose wird als Mütze verwendet.

- Eine „Anziehstraße" verdeutlicht die richtige Reihenfolge der Kleidungsstücke.

- Die Kleidungsstücke werden im Raum verteilt und das Kind zieht sich in einem Parcours an: Für die Hose wird ein Purzelbaum auf dem Bett gemacht. Während des Anziehens der Socken zählt das Kind bis zehn oder muss eine Quizfrage beantworten (z.B. Welche Jahreszeit haben wir jetzt?). Für Shirts und Pullover wird jeweils auf einem Bein gehüpft.

- Mama oder Papa machen während des Anziehens Rollenspiele:

- Das Kind ist berühmt und darf sich heute besonders schön einkleiden.

- Mama ist eine Polizistin und muss kontrollieren, ob das Kind alles richtig angezogen hat, sonst gibt es ein Knöllchen.

Wie gut kannst du dich schon anziehen?

gar nicht gut   sehr gut

Hast du auch eine „Anziehstraße?"

Ja ☐   Nein ☐

Wer hilft dir meistens beim Anziehen?
Schreibe es auf.

Welche Kleidung kannst du schon
alleine anziehen? Male sie auf.

17

Das hat gut funktioniert

EMIL PUTZT ZÄHNE

„Boah, immer dieses blöde Zähneputzen! Ich mag das nicht", ruft Emil genervt.

„Zähneputzen muss sein! Deine Zähne sollen gesund bleiben", antwortet Papa. Entschlossen streckt Papa Emil die gelbe Zahnbürste und die Zahnpasta mit dem Biber entgegen. Diese hat sich Emil vor ein paar Wochen beim Einkaufen mit Mama ausgesucht. Aber mittlerweile findet Emil sie wieder langweilig.

Widerwillig nimmt Emil die Zahnbürste in die Hand und drückt etwas Zahnpasta drauf.

„Wieso putzt du nicht selbst deine Zähne, Papa?", fragt Emil.

„Ich habe sie mir vorhin schon geputzt", antwortet Papa. Er denkt kurz nach und sagt dann: „Weißt du was? Ich putze sie mir einfach nochmal und wir machen ein Spiel daraus: Wer nach drei Minuten mehr Schaum im Mund hat, gewinnt. Wie findest du das?"

„Das find ich spitze!", ruft Emil begeistert. Kurz darauf gibt Papa das Startsignal: „1 – 2 – 3 – los!"

Emil und Papa putzen beide um die Wette. Nach drei Minuten piepst Papas Stoppuhr und Papa ruft: „Halt! Der Gewinner steht fest. Er heißt Emil. Sein Preis sind funkelnd saubere Zähne."

Emil lacht und fährt kurz darauf im Radanhänger mit Papa zum Kindergarten.

Nachmittags holt Mama Emil vom Kindergarten ab. Sie sagt: „Zu Hause wartet nach dem Abendessen eine

Überraschung auf dich." Emil kann es kaum erwarten und zieht sich ratzfatz an.

Am Küchentisch steht eine Tasche. Daraus holt Mama eine Handpuppe. Ein Krokodil mit vielen weißen Zähnen im Maul. „Darf ich vorstellen? Das ist Zilla Zahn. Sie wird uns ab heute beim Zähneputzen helfen", erklärt Mama. „Oh ja!", ruft Emil freudig.

Im Badezimmer steckt Mama ihre Hand in die Handpuppe und Zilla Zahn sagt mit hoher Stimme: „Hallo! Ich bin Zilla Zahn. Darf ich dir deine Zähne blitzeblank putzen?" Emil lächelt und öffnet den Mund. Zilla Zahn fängt mit der gelben Zahnbürste an zu bürsten. „Ui, ui, ui, da sehe ich ja noch Reste vom Mittagessen. Sieht fast so aus, als ob es Bratwürstchen gab. Und da hinten entdecke ich noch ein Apfelstück. Ziemlich schmutzig ist es hier. Das muss alles weg, sonst gibt es Löcher in den Zähnen", erklärt Zilla Zahn.

Weil das Krokodil dauernd lustige Witze macht, muss Emil zwischendurch lachen. Natürlich lacht Zilla Zahn herzlich mit.

Als sie beide mit dem Zähneputzen fertig sind, legt Emil das Zahnputzkrokodil vorsichtig in den Badezimmerschrank auf einen Stapel Handtücher. Er achtet dabei ganz genau darauf, dass es Zilla Zahn so richtig gemütlich hat. Emil erzählt Mama noch vom gemeinsamen Zähneputzen mit Papa am Morgen und Mama sagt: „Siehst du, Emil: Zähneputzen kann auch lustig sein."

Worum geht's?

1. Schützen Sie Ihr Kind vor zuckerhaltigen Getränken und Lebensmitteln. Eine ungesunde Ernährung schädigt Kinderzähne nachhaltig.

2. Eine ausgewogene Ernährung versorgt Zähne und Zahnfleisch mit Mineralstoffen, die für Wachstum und Stärkung der Zähne wichtig sind. Insbesondere kalziumreiche Lebensmittel eignen sich besonders gut (z.B. Jogurt, Parmesan, Kefir, Knochenbrühe, grünes Gemüse wie Brokkoli oder Spinat).

3. Leben Sie Ihrem Kind die richtige Zahnpflege vor. Putzen Sie Ihre Zähne zusätzlich vor den Augen Ihres Kindes. Eltern haben eine immense Vorbildfunktion. Da Kinder normalerweise vor ihren Eltern schlafen gehen, bekommen sie die Zahnpflege der Eltern kaum mit. Sinnvoll ist es deshalb, gleichzeitig Zähne zu putzen und so mit positivem Beispiel voranzugehen.

Wie können Sie hilfreich sein?

Putzen Sie bei Ihrem Kind die Zähne täglich sorgfältig nach. Besprechen Sie mit dem (Kinder-)Zahnarzt, ab wann der Einsatz von Zahnseide bei Ihrem Kind sinnvoll ist.

Kinderzahnpflege auf einen Blick: Tipps

- Putzen Sie bis ins Grundschulalter hinein nach, da ein jüngeres Kind nicht gründlich genug putzen kann. Es kann noch nicht prüfen, ob die Zähne wirklich sauber oder – an schwer zugänglichen Stellen – noch schmutzig sind.

- Erst im Laufe des Grundschulalters können viele Kinder selbstständig und sorgfältig ihre Zähne putzen. Überzeugen Sie sich regelmäßig auch selbst davon.

- Bei jüngeren Kindern machen vorgesungene Zahnputzlieder und Reime das Zähneputzen attraktiver. Zum Beispiel:

  Hin und her, hin und her:
  Zähneputzen ist nicht schwer.
  Rundherum, rundherum:
  Zähneputzen ist nicht dumm.

- Eine Sanduhr zeigt Ihrem Kind genau an, wie lange geputzt werden soll. Sie bekommen diese im Reformhaus bei den Kinderzahnbürsten.

- Beim Nachputzen zählen Sie bitte verschiedene Lebensmittel auf, die Ihr Kind gegessen hat. Dazwischen tun Sie so, als ob sich auch etwas absolut Unmögliches, z.B. ein Babyelefant oder ein Schneemann, im Mund versteckt hat.

- Kinder lieben Abwechslung. Zur Belohnung im Anschluss an das Zähneputzen bieten sich kurze Konzentrationsspiele wie „4 gewinnt" an.

Wie gut kannst du schon Zähne putzen?

gar nicht gut   sehr gut

Hast du eine eigene Zahnbürste?

Ja ☐   Nein ☐

Wer kontrolliert bei dir, ob deine Zähne funkelnd sauber geputzt sind? Schreibe es auf.

Wie sehen deine Zahnbürste und deine Lieblingszahnpasta aus? Male sie auf.

Das hat gut funktioniert

MARLENE WILL BEI MAMA SEIN

Heute ist Dienstag und Marlene hat gerade ihr leckeres Knuspermüsli zuhause gefrühstückt. Nun zieht sie sich in ihrem Zimmer an. Damit fertig, setzt sie sich an ihren Basteltisch und malt ein Bild. Mama kommt ins Zimmer und fragt: „Marlene, bist du mit dem Anziehen fertig oder brauchst du noch Hilfe?"

„Ich bin fertig", antwortet Marlene stolz.

„Super! Dann können wir ja noch ein paar Minuten gemeinsam ein Bild malen, weil du dich so beeilt hast." Marlene freut sich und gibt Mama den grünen Buntstift.

Nachdem beide gemeinsam eine wunderschöne Blumenwiese gemalt haben, sagt Mama: „Komm, wir ziehen jetzt die Schuhe an. Und dann spazieren wir zum Kindergarten."

Marlene merkt, dass sie eigentlich nicht losgehen möchte. Sie bleibt lieber sitzen und malt ihr Bild weiter.

Mama bittet Marlene noch zweimal, sich zu beeilen. Denn langsam wird die Zeit knapp und Mama muss in die Arbeit. Doch Marlene lässt sich absichtlich Zeit und schlüpft nur ganz langsam in ihren linken und dann in ihren rechten Schuh. Noch viel langsamer verschließt sie die Klettverschlüsse.

Auf dem Weg zum Kindergarten bekommt Marlene ein ganz komisches Gefühl. Plötzlich schießen ihr die Tränen in die Augen und sie ruft: „Ich will heute überhaupt nicht in den Kindergarten. Ich mag viel lieber bei dir bleiben."

Mama nimmt Marlene auf den Arm, drückt sie fest und sagt: „Ich sehe, dass du traurig bist und dir der Abschied heute schwerfällt. Ich kenne das Gefühl. Manchmal möchte ich auch lieber zuhause bleiben. Wenn ich arbeite, bekomme ich dafür Geld. Damit können wir unser Essen bezahlen und schöne Ausflüge machen. So wie unseren Besuch im Tierpark am Samstag. Ich drücke dich gleich beim Kindergarten noch einmal ganz, ganz fest. Und später, nach dem Kindergarten, spielen wir wieder etwas gemeinsam. Einverstanden?"

Dicke Tränen laufen Marlene über die Wangen und sie denkt: „Heute ist so ein blöder Tag!"

Im Kindergarten angekommen bringt Mama Marlene in die Bärengruppe. Dort wird sie fröhlich von ihrer Lieblingserzieherin Carolin begrüßt. Doch Marlene klammert sich ganz fest an Mamas Bein und möchte verhindern, dass Mama geht.

Carolin schlägt vor: „Marlene, schauen wir gemeinsam das Buch mit der Monstergeschichte an?" Marlene schweigt und versteckt sich hinter Mama.

„Das ist eine prima Idee und später erzählst du mir, was in der Monstergeschichte passiert ist, okay?", versucht es Mama.

Keine Chance. Marlene weigert sich und klammert sich noch fester an Mamas Bein. Mama überlegt kurz, hebt Marlene hoch und flüstert ihr leise ins Ohr: „Ich habe eine Idee, damit du weißt, dass ich ganz viel an dich denke, während du im Kindergarten bist."

Marlene blickt ihre Mama neugierig an. Aus der Hosentasche holt Mama einen Kugelschreiber und malt sich ein kleines Herz auf ihre Hand. Danach nimmt sie Marlenes Hand und malt ebenfalls ein Herz darauf. „Jedes Mal, wenn du auf das Herz schaust, weißt du, dass ich an dich denke und dich später abhole." Marlene blickt auf das Herz und nickt.

Mama umarmt Marlene noch ein letztes Mal. Dann geht Marlene mit Carolin in die Bärengruppe und bastelt dort ein großes Herz aus Papier für ihre Mama.

Worum geht's?

1. Bei vielen Kindern tritt gelegentlich Trennungsschmerz am Morgen auf, obwohl die Kita-Eingewöhnung bereits abgeschlossen ist. Erkennen Sie die Gefühle Ihres Kindes an und vermitteln Sie Ihrem Kind: „Alle Gefühle dürfen da sein!" und „Es ist okay, traurig zu sein."

2. Trennungsschmerz am Morgen ist erkennbar an einer reduzierten Kooperationsbereitschaft, z.B. indem das Kind das Anziehen verweigert oder sich das aus dem Haus Kommen verzögert. Auch Wutausbrüche können in diesen Situationen vermehrt auftreten.

Wie können Sie hilfreich sein?

Schenken Sie Ihrem Kind bereits morgens, je nach Kapazität, bewusst ungeteilte Aufmerksamkeit, sodass es den Tag im Kindergarten emotional aufgetankt starten kann. Lesen Sie dazu ein Buch vor, kuscheln Sie miteinander, tanzen Sie zu einem Gute-Laune-Lied oder spielen Sie Verstecken.

In einfachen Schritten zur Morgenroutine: Tipps

- Eine wiederkehrende Morgenroutine gibt Orientierung und Halt.

- Die Morgenroutine können Sie in einem Ablaufplan am besten mit gemeinsam gemalten Bildern darstellen.

- Machen Sie klare, verständliche Ansagen, auf die sich Ihr Kind verlassen kann, z.B.: „Wir drücken uns noch einmal ganz fest und danach fahre ich."

- Informieren Sie die Pädagog:innen über den gegenwärtigen Trennungsschmerz, damit diese besonders feinfühlig auf Ihr Kind eingehen können.

- Kündigen Sie Ihrem Kind ab und an eine kleine Überraschung im Kindergartenrucksack an: Ein kleines Herz in der Brotdose, das Lieblingsfrühstück, ein Foto oder ein Glitzerstein im Rucksack.

Eigene Ideen für die Morgenroutine:

32

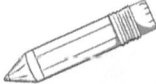

Wie gut kannst du dich schon trennen?

gar nicht gut   sehr gut

Hast du ein Verabschiedungsritual?

Ja ☐   Nein ☐

Wer bringt dich morgens außer Haus?
Schreibe es auf.

Weißt du, was Mama oder Papa machen,
wenn du im Kindergarten bist? Male es auf.

Das hat gut funktioniert

LENA MÖCHTE LIEBER SPAGHETTI

Es ist Wochenende. Die Sonne scheint und Lenas Familie hat etwas ganz Besonders vor: Gemeinsam mit Oma und Opa fahren sie zu einer Lichtung im Wald und verbringen dort den Tag. Lena liebt ihre Großeltern sehr und freut sich, dass sie heute alle beisammen sind. Vor der Abfahrt packen Mama und Papa noch ein paar Sachen ein: eine Picknickdecke, Sonnencreme und eine Kühltasche mit Essen und Getränken. Lena steckt ihre Puppe und den Ball dazu.

Nachdem sie Oma und Opa abgeholt haben, fahren sie zum Parkplatz. Lena führt ihre Großeltern zur Lichtung. Dort war sie schon öfters mit ihren Eltern und kennt deshalb den Weg. Lena findet diesen Ort spitze.

Sie zeigt Oma als Allererstes den kleinen Bachlauf und die Stelle, wo die allerschönsten Steine liegen. Danach spielt sie mit Opa eine Runde Ball. Sie werfen sich den Ball zu und zählen, wie oft sie es schaffen, den Ball zu fangen, ohne dass er auf dem Boden landet.

„Eins, zwei, drei, vier, fünf", zählt Opa laut mit.

Zum Mittagessen stellt Papa die Vorratsdosen mit dem Essen auf die Picknickdecke: Es gibt Äpfel, Wassermelone, Käse, Schinken und Muffins.

Lena darf jedem einen Becher geben und Opa verteilt das Wasser. Oma schneidet währenddessen das selbstgemachte Baguette auf.

„Hast du auch Spaghetti mit Tomatensoße eingepackt?", fragt Lena ihre Mama. Wenn es nach Lena ginge, würde sie am liebsten jeden Tag Spaghetti mit Tomatensoße essen.

„Nein, habe ich nicht", antwortet Mama.

Enttäuscht schaut Lena auf das Essen: „Hast du nicht einmal Süßigkeiten dabei?", hakt Lena beleidigt nach.

„Nein, aber ich habe Brezeln und Marmorkuchen", erklärt Mama.

„Menno. Das ist überhaupt nicht lecker", motzt Lena.

Opa verzieht das Gesicht und sagt: „Oh ja, Lena, ich muss dir völlig Recht geben."

Lena schaut verwundert zu Opa. Er erzählt weiter: „Ich würde dieses Essen auch nicht essen. Das sieht ja überhaupt nicht appetitlich aus."

Opa lacht über sich selbst, weil er absichtlich Quatsch redet. Er redet weiter: „Die Brezeln sehen ja aus wie zusammengeschlängelte Schlangen. Die würde ich auch nicht essen. Und schau, die schwarzen Kerne der Wassermelone, das sind ganz viele kleine Käfer."

Lena muss nun auch lachen. Opa denkt sich wirklich witzige Sachen aus.

„Ich will eine Schlange essen!", ruft Lena lachend. „Das würde ich mir gut überlegen, Lena. Die schmecken bestimmt ein bisschen fade", warnt Opa sie. Aber Lena hat sich schon eine Brezel geschnappt und genüsslich reingebissen.

„Mmh... Brezelschlangen sind knusprig", sagt Lena und alle müssen lachen.

Worum geht's?

1. Evolutionsbedingt gibt es eine Phase, in der das Kind etwas wählerischer bei der Essensauswahl wird und kritisch gegenüber vielen Lebensmitteln ist. Das passiert meistens, wenn Kinder ab ca. 3 Jahren ihre Umwelt selbstständiger erkunden. So wird von Natur aus sichergestellt, dass das Kind nichts Giftiges zu sich nimmt.

2. Vertrauen Sie darauf, dass Ihr Kind (noch) intuitiv isst und instinktiv das wählt, was der Körper an Nährstoffen benötigt. Voraussetzung dafür ist, dass Sie Ihrem Kind immer wieder eine abwechslungsreiche, vielfältige und nährstoffreiche Kost anbieten.

3. Essen sollte stets ohne Druck stattfinden. Essen darf niemals als Belohnung oder Strafe dienen.

Wie können Sie hilfreich sein?

Versuchen Sie, beim Essen eine entspannte, positive Stimmung herzustellen, etwa durch gemeinsame Mahlzeiten mit einem ritualisierten Tischspruch. Bringen Sie etwas mehr Freude und Leichtigkeit in Essenssituationen durch ein spontanes Picknick auf dem Wohnzimmerboden oder Essen mit den Fingern.

Essen mit Kindern: Tipps

- Essen darf mit allen Sinnen wahrgenommen, erlebt und erfasst werden. Fragen Sie daher Ihr Kind:

  „Wie fühlt sich ein Schnitzel an?"

  „Ist diese Speise rau oder glatt?"

  „Wie riecht eine Orange?"

  „Magst du den Geruch?"

- Manche Kinder essen lieber, wenn die einzelnen Lebensmittel getrennt voneinander auf dem Teller serviert werden.

- Sollte Ihr Kind beim Mittag- und Abendessen zu wenig hungrig sein, kann das an zu großen oder zu vielen Zwischenmahlzeiten liegen.

- Gemeinsames Einkaufen und Zubereiten der Lebensmittel lädt Ihr Kind dazu ein, vielseitiger im Geschmack zu werden.

- Sobald Ihr Kind weiß, was Süßigkeiten sind, bedarf es einer klaren elterlichen Haltung. Versuchen Sie es damit: „So wenig wie möglich, so viel wie nötig."

- Für Vorschulkinder können Sie sich überlegen, einen Wochenvorrat an Süßigkeiten in einer Schublade anzulegen.

Wie gut kannst du schon alleine essen?

gar nicht gut   sehr gut

Hast du ein Lieblingsessen?

Ja ☐   Nein ☐

Wer kocht bei euch zu Hause meistens?
Schreibe es auf.

Wie sehen deine liebsten Nahrungsmittel
auf? Male sie auf.

41

Das hat gut funktioniert

ELLI IST WÜTEND

Elli spielt im Kindergarten in der Bauecke. Sie möchte den größten Turm bauen, den sie je gebaut hat. Damit er besonders schön aussieht, stapelt sie erst alle grünen Bauklötze aufeinander, danach alle roten und zum Schluss alle gelben. Ihr Turm ist schon so hoch, dass sie sich sogar auf die Zehenspitzen stellen muss, um noch einen gelben Bauklotz draufzulegen.

Doch dann passiert es: Ein rotes Bobby-Car mit Leon am Steuer kommt direkt auf sie zugeprescht. Leon versucht, die Kurve zu kriegen. Er rast jedoch kerzengerade in Elli hinein. Elli fällt gegen ihren soeben gebauten Turm und der kracht mit einem lauten Rumms in sich zusammen.

Als Elli die Bauklötze endlich wieder nach Farben sortiert hat, ruft auch schon Peter, der Erzieher: „Aufräumzeit! Gleich gibt es Mittagessen!" Elli ist enttäuscht, dass sie nun nicht mehr weiter bauen kann. Außerdem ärgert sie sich über den ungeschickten Leon.

Nach dem Aufräumen setzt sich Elli zu den anderen Kindern an den Tisch im Essensraum. Sie hat einen Bärenhunger. Peter schiebt mit zwei Kindern den Essenswagen. „Hier kommen Maultaschensuppe und Gurkensalat." „Ausgerechnet heute!", denkt sich Elli. „Der Gurkensalat ist immer so glibberig und die Maultaschen sehen eklig aus", findet Elli. Sie probiert zaghaft einen ersten Bissen und einen zweiten. Dann legt Elli das Besteck zur Seite.

Nach dem Essen werden einige Kinder abgeholt. Ellis Mama kommt ebenfalls.

Mama und Elli gehen zum Radanhänger. „Wie war dein Tag?", fragt Mama. „Geht so", antwortet Elli mürrisch. „Erzählst du mir, was passiert ist?", fragt Mama. „Keine Lust", nuschelt Elli.

„Darf ich mit Elias spielen?", will Elli wissen, als sie zu Hause angekommen sind. „Nein, das geht heute leider nicht. Wir haben heute Nachmittag einen Termin bei der Logopädin." Elli ruft aufgebracht: „Ich will aber mit Elias spielen!"

Zornig stampft Elli auf den Boden. Sie weint und schimpft gleichzeitig. Mama streckt Elli ihre offenen Arme entgegen, doch Elli möchte Mama nicht umarmen. Sie wirft sich auf den Boden und strampelt mit den Füßen.

„Du bist gerade wütend, weil du heute nicht mit Elias spielen kannst. Vielleicht hattest du auch einen blöden Tag im Kindergarten", sagt Mama. „Ich halte deine Wut aus und bleibe da, bis sie weg ist."

Elli tut das gut. Sie merkt, dass Mama auch für sie da ist, wenn sie so laut schreien muss. Als sie damit aufhören kann, ist Elli erleichtert. „Jetzt kann ich eine Umarmung gebrauchen", merkt Elli und streckt Mama ihre Arme hin. So weiß Mama, dass Elli gern kuscheln möchte.

Beide drücken sich ganz fest. Dann wischt Mama Elli die Tränen aus dem Gesicht und sagt: „Puh, du musstet gerade viel Wut rauslassen – richtig?"

„Warum ist das so?", fragt Elli. „Du hast dich so stark geärgert, dass sich die Wut im ganzen Körper ausgebreitet hat und du schreien musstest. Das kennen viele andere Kinder auch. In solchen Momenten ist es schwer, sich zu beruhigen. Selbst wenn man es versucht", erklärt Mama. Elli versteht, was Mama sagt. „Und, bist du auch manchmal so wütend wie ich?", möchte Elli wissen.

„Na klar", antwortet Mama. „Ich kenne dieses Gefühl. Ich beruhige mich, wenn ich langsam tief ein- und ausatme."

„So, jetzt habe ich Hunger", bemerkt Elli, als ihr Magen knurrt.

Worum geht's?

1. Die sogenannte Autonomiephase bei Kindern geht von ca. 2 bis 4,5 Jahren und ist ein wichtiger Schritt in der kindlichen Entwicklung.

2. Kinder formen in dieser Phase ihre Persönlichkeit und lernen zum ersten Mal den eigenen Willen und eigene Wünsche kennen.

3. In der Autonomiephase kommt ein Kind in der Regel an seine Grenzen. Zum einen, weil es einen Wunsch abgeschlagen bekommt oder die Eltern etwas machen, was das Kind nicht will (z.B. das berühmte „falsch" geschnittene Brot oder die verkehrte Becherfarbe). Zum anderen, weil das Kind selbst etwas noch nicht so umsetzen kann, wie es sich das vorstellt (z.B. Schuhe binden).

Wie können Sie hilfreich sein?

Reagieren Sie während eines Gefühlssturmes verständnisvoll. Nehmen Sie das Gefühl Ihres Kindes an, halten Sie es aus und begleiten Sie Ihr Kind hindurch.

Das Wichtigste über Gefühlsausbrüche: Tipps

• Ihr Kind kann seine Gefühle in dieser Phase noch nicht selbst regulieren. Aufgrund der fehlenden Gehirnreife wird Ihr Kind von seinen Gefühlen überrannt und befindet sich in emotionaler Not. Solche Gefühlsstürme richten sich nicht gegen die Eltern, sondern sind ein Zeichen von Überforderung.

• Kinder handeln in dem Moment für sich und nicht vorsätzlich oder böswillig gegen die Bezugsperson. Dies schaffen sie aufgrund ihrer Gehirnreife noch gar nicht, denn sie können sich erst ab ca. vier Jahren in jemand anderen hineinversetzen (Perspektivübernahme).

• Aufgestaute Frustration, Hunger, Müdigkeit, fehlende Selbstbestimmtheit oder zu wenig Aufmerksamkeit können Gefühlsstürme begünstigen. Schreien, Hauen, Gegenstände werfen, sich auf den Boden fallen lassen und um sich schlagen oder trampeln sind Ausdruck starker Gefühlsausbrüche. Diese Gefühle zeigt Ihr Kind meist im Beisein jener Bezugspersonen, bei denen es sich sicher fühlt.

• Benennen Sie Gefühle, um Verständnis zu signalisieren, z.B. so: „Ich sehe, dass du wütend bist." Kommen Sie auf Augenhöhe Ihres Kindes und zeigen Sie nonverbal, dass Sie es trösten möchten. Nehmen Sie dazu Blickkontakt auf oder strecken Sie Ihre Arme für eine Umarmung aus. Verzichten Sie möglichst auf Worte, denn Ihr Kind ist in dieser Überforderungssituation nur sehr begrenzt aufnahmefähig. Das Gespräch über die Auslöser der Wut führen Sie erst später, wenn sich Ihr Kind wieder beruhigt hat.

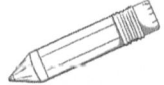

Wie gut kannst du deine Gefühle zeigen?

gar nicht gut   sehr gut

Hast du auch manchmal Wutausbrüche?

Ja ☐   Nein ☐

Wer hilft dir, wenn du ganz starke Gefühle hast? Schreibe es auf.

Was macht dich wütend? Male es auf.

Das hat gut funktioniert

FINN MACHT FERNSEHEN

Finn kann es kaum erwarten: Er hat mit Papa abgemacht, dass er nach dem Spielen fernsehen darf. Doch Papa möchte zuerst den Geschirrspüler aus- und einräumen. Das dauert Finn viel zu lange. Deshalb geht er immer wieder zu Papa und fragt: „Wann bist du endlich fertig?" Papa sagt: „In ein paar Minuten."

Finn weiß überhaupt nicht, was er spielen soll. Deshalb macht ihm Papa ein paar Vorschläge: „Du könntest mir ein buntes Bild malen oder mit der Knete spielen." Darauf hat Finn aber keine Lust. Er möchte am liebsten sofort seine Serie schauen und schüttelt energisch den Kopf.

Da hat Papa eine Idee. Er sagt: „Was hältst du davon, wenn ich dir diesen Karton gebe und du daraus einen Fernseher für dein großes Löwen-Kuscheltier bastelst? Sobald ich mit der Arbeit hier fertig bin, komme ich zu dir."

Finn findet den Vorschlag gut. Er fängt an, den großen Karton wie einen Fernseher zu bemalen. Weil er in seine Bastelei so vertieft ist, vergeht das Warten ganz schnell.

Da kommt auch schon Papa ins Zimmer und sagt: „Nun darfst du, wie vereinbart, eine Folge am echten Fernseher schauen. Danach schalten wir den Fernseher wieder aus und spielen gemeinsam etwas, einverstanden?"

„Einverstanden", meint Finn und nickt.

Papa setzt sich neben Finn auf die Couch und guckt mit, damit er weiß, was in der TV-Serie alles passiert.

Als die Folge zu Ende ist, schaltet Papa den Fernseher aus. Doch Finn bekommt jetzt richtig schlechte Laune. Er hätte so gern noch weitergeschaut!

Nörgelig fragt er Papa: „Was machen wir jetzt?"

„Mmh ... gute Frage. Hast du eine Idee?", fragt Papa zurück.

Finn überlegt. Plötzlich fällt ihm wieder ein, was er vor dem Serienschauen gemacht hat. „Wir könnten an dem Fernseher für mein Kuscheltier weiterbasteln", schlägt er vor.

„Das klingt gut!", meint Papa.

Gemeinsam gehen sie in Finns Zimmer und schneiden ein großes Viereck in den Karton. Dann entfernen sie die hintere Seite und malen den Fernseher fertig an. Natürlich darf der Einschaltknopf nicht fehlen.

Finn ist begeistert und zeigt seinem Löwen stolz den fertigen Fernseher.

„Möchtest du deinem Löwen und mir ein Lied im Fernsehen vorsingen?", erkundigt sich Papa.

„Wie soll das denn gehen?", fragt Finn erstaunt.

„Ganz einfach, ich zeig es dir! Komm mit ins Wohnzimmer", meint Papa. Er positioniert den Pappfernseher auf dem kleinen Beistelltisch, sodass Finn sich dahinter stellen kann. Dann reicht Papa Finn das Spielmikrofon und spielt am Handy Finns Lieblingslied ab.

Finn findet das witzig und singt sofort mit. Papa sitzt vor dem Löwenfernseher und sieht Finn zu, der nun selbst ein Fernsehstar ist.

Finn singt an diesem Nachmittag noch viele weitere Lieder. Zwischendurch macht Papa ein Video, damit sie es später Mama zeigen können.

Worum geht's?

1. Kinder erkunden ihre Umwelt mit allen Sinneswahr-nehmungen. Sie fühlen, schmecken, sehen, hören, riechen und lernen so ihre Welt kennen. Diese ganz-heitliche Erfahrung fehlt während der Bildschirmzeit.

2. Beim Fernsehen am TV, Tablet, Smartphone oder ei-nem anderen Gerät mit Bild- und Tonwiedergabe werden ausschließlich die Augen und die Ohren an-gesprochen. Zu lange Bildschirmzeiten können die kindliche Entwicklung somit schädigen.

3. Kinder unter drei Jahren sollten keine Bildschirmzeit haben, im Alter von drei bis sechs Jahren werden höchstens dreißig Minuten pro Tag empfohlen.

Wie können Sie hilfreich sein?

Beobachten Sie, wie Ihr Kind auf die Bildschirm-zeit reagiert. Passen Sie die Bildschirmzeit unbe-dingt an, wenn sich Ihr Kind danach angespannt, aggressiv oder träge verhält und sich nur schwer auf Neues konzentrieren kann.

Passende Medieninhalte für Kinder: Tipps

- Besprechen Sie nervenkitzelnde Szenen direkt im Anschluss an den Medienkonsum, greifen Sie diese im gemeinsamen Spiel auf oder malen Sie gemeinsam ein Bild darüber.

- Damit Sie Ängsten vorbeugen, die durch unpassenden Medienkonsum entstehen können, sollte die Grundstimmung der Sendung positiv sein und die Bildabfolge nicht zu schnell.

- Von Vorteil ist, wenn die Sendung ein positives Ende beinhaltet.

- Legen Sie klare, individuelle Regeln zum TV- und Medienkonsum fest und halten Sie sich auch selbst daran. Sie können z.B. eine Folge pro Tag erlauben oder Bildschirmzeiten ausschließlich auf das Wochenende legen.

- Verschiedene Software- und App-Lösungen erlauben heutzutage das gezielte Einschränken der Bildschirmzeiten. Es gibt aber, vor allem in Haushalten mit mehreren Endgeräten, meist einen Weg daran vorbei.

- Ein Ausgleich vor und nach der Bildschirmzeit, z.B. frische Luft oder eine kreative Auszeit, ist förderlich für die kindliche Entwicklung.

- Manche Familien befürworten gar keine Mediennutzung. Überlegen Sie gemeinsam, was für Sie als Eltern sinnvoll und umsetzbar ist.

Wie gut kannst du nach deiner Lieblingssendung ausschalten?

gar nicht gut   sehr gut

Hast du selber ein Bildschirmgerät?

Ja ☐   Nein ☐

Wer kontrolliert bei dir, was du dir auf dem Bildschirm ansiehst? Schreibe es auf.

Was siehst du dir in Sendungen oder Filmen gerne an? Male es auf.

Das hat gut funktioniert

MIA MUSS MAL

Heute ist Donnerstag und Mia geht mit ihrer Mama zum Eltern-Kind-Turnen. Mia findet es toll, von der Sprossenwand ganz oben auf die dicke Matte zu springen oder auf der schrägen Bank zu balancieren.

In der Garderobe fragt Mama Mia leise: „Musst du nochmal auf die Toilette gehen?"

Mia schüttelt den Kopf. Seit ein paar Tagen trägt sie tagsüber keine Windel mehr, sondern geht schon auf die große Toilette. Zuhause hat sie dafür eine Toilettenleiter. Mit der kommt sie leichter bis ganz nach oben auf die Toilette und der Toilettensitzverkleinerer sorgt dafür, dass sie sicher und bequem sitzt.

In der Turnhalle wird sie von Trainer Frank begrüßt.

„Hallo!", antwortet Mia. „Machen wir heute wieder eine Wackelbrücke mit der großen Matte und den Bällen darunter?", fragt sie neugierig.

„Heute habe ich mit euch etwas anderes vor. Ich erzähle es gleich, wenn alle da sind", antwortet Frank.

Mia und ihre Mama warten in der Mitte der Halle. Als alle Kinder und Eltern angekommen sind, erklärt Frank: „Heute machen wir einen Kletter-Parcours."

Mia ist begeistert und hilft sofort mit, gemeinsam mit Mama eine Bank an die Sprossenwand zu hängen. Verschiedene Sprungkästen und Matten werden in der Halle zu einem großen Parcours aufgebaut. Dann versucht Mia, die Sprossenwand zu erklimmen. „Das ist richtig anstrengend", merkt Mia.

Oben angekommen winkt sie Mama stolz zu. Dann rutscht sie auf der schrägen Bank hinunter, stellt sich hinter die anderen Kinder in die Schlange und wartet, bis sie wieder dran ist.

Auf einmal merkt Mia, dass sie Pipi muss. Doch es stehen nur zwei Kinder vor ihr in der Reihe und auf das Rutschen möchte sie jetzt nicht verzichten.

„Ich verdrücke es mir", entscheidet Mia und trippelt von einem Fuß auf den anderen. Als sie an der Reihe ist, klettert sie rasch nach oben und saust auf der Bank entlang nach unten.

Danach läuft sie zu ihrer Mama und sagt: „Ich muss auf die Toilette! Ganz dringend!"

Oh weh: Auf dem Weg dorthin kann Mia das Pipi nicht mehr halten. Es läuft an ihren Beinen hinunter bis auf den Boden, sodass Mia in einer Pfütze steht.

Mia weint. Sie schämt sich so.

Mama tröstet sie und sagt: „Alles gut, ich habe Wechselkleidung dabei. Ich helfe dir beim Saubermachen und Umziehen."

Gesagt, getan. Danach packt Mama die nasse Kleidung in eine Tüte, knotet sie zu und verstaut sie in ihrem Rucksack.

Für Mia ist wieder alles in Ordnung. Sie überlegt schon, ob sie sich traut, einmal auf dem Bauch die steile Rutsche an der Sprossenwand hinunter zu sausen.

Worum geht's?

1. Die Sauberkeitsentwicklung ist ein Reifeprozess und erfolgt – mit Ausnahme von Kindern, die windelfrei aufwachsen – meistens in den ersten zweieinhalb bis drei Lebensjahren. Der Weg zur kontrollierten Blasen- und Stuhlentleerung ist sehr individuell.

2. Für diesen Entwicklungsschritt haben Kinder bis zum fünften Lebensjahr Zeit. Daher sollten Sie auf Druckmachen oder Strafen bei Missgeschicken verzichten.

3. Reagieren Sie geduldig und verständnisvoll, wenn das Pipi am falschen Ort landet.

Wie können Sie hilfreich sein?

Zwischenfälle gehören dazu. Sie können beim intensiven Spielen, Niesen oder herzlichen Lachen passieren. Solange Kinder noch in der Umgewöhnungsphase zur normalen Unterwäsche sind, ist es daher sinnvoll, immer Wechselkleidung und einen geruchsfesten Plastikbeutel dabei zu haben.

Toilettenfertigkeiten stressfrei erlernen: Tipps

- Achten Sie auf Anzeichen, dass Ihr Kind Harn- oder Stuhl-drang hat: Herumtänzeln, die Oberschenkel aufeinander-pressen oder sich in den Schritt fassen weisen darauf hin, dass bald etwas raus will. Benennen Sie, was Sie sehen.

- Bringen Sie Ihrem Kind bei, wie die Körperteile heißen, und helfen Sie ihm, den Verdauungsvorgang zu verstehen.

- Betrachten Sie Rückschritte als Reaktionen auf emotionale Belastungen infolge von großen Veränderungen wie z.B. die Geburt eines Geschwisterkindes, einen Umzug oder eine elterliche Trennung. Halten die Rückschritte länger an und treten Fortschritte zu selten auf, holen Sie sich ärztliche, psychologische oder psychotherapeutische Hilfe.

- Bringen Sie Ihrem Kind die Toilettenfertigkeiten bei. Dazu gehören folgende Fragen:

  „Wie sehen Kot und Urin aus?"

  „Wie melden sich Kacks und Pipi?"

  „Woher kommen sie und wohin gehören Kacks und Pipi?"

- Besprechen Sie den Toilettengang: Ausziehen, Hinsetzen, Kacks und Pipi absetzen, Saubermachen, Spülen, Anziehen, Händewaschen.

- Kleiden Sie Ihr Kind so, dass es sich sehr leicht selbstständig aus- und wieder anziehen kann.

- Signalisieren Sie Freude, wenn Ihr Kind den Harn- und Stuhl-drang wahrnimmt.

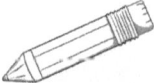

Wie gut kannst du schon aufs Klo gehen?

gar nicht gut   sehr gut

Hast du eine Toilettentreppe?

Ja ☐   Nein ☐

Wer hilft dir auf der Toilette? Schreibe
es auf.

Was tust du, wenn das Pipi unbedingt raus
will? Male es auf.

65

Das hat gut funktioniert

THEO KANN TEILEN

Franzi darf heute Nachmittag ihren Freund Theo besuchen. Und wenn sie will, kann sie sogar eine Weile alleine dort bleiben: „Wenn du dich bei Theo wohl fühlst, verabschiede ich mich eine Zeitlang und gehe Einkaufen", sagt Mama.

Als Franzi an der Haustür klingelt, hört sie schon von draußen, wie Theo angerannt kommt und die Tür öffnet. Freudig begrüßen sich die beiden. Franzi ist noch etwas schüchtern und zurückhaltend. Es ist ungewohnt für sie, weil sie Theo sonst nur im Kindergarten sieht und noch nie bei ihm zu Hause war. Deshalb möchte Franzi anfangs in Mamas Nähe bleiben. Theos Mama zeigt den Besucherinnen erst einmal das Haus.

Nach kurzer Zeit will Franzi gemeinsam mit Theo in seinem Zimmer spielen. Das ist schließlich viel interessanter, als die ganze Zeit bloß bei Mama zu sein. Außerdem hat Theo wirklich tolle Spielsachen: eine Ritterburg, eine Spielküche und ganz viele Tierfiguren.

Franzi greift nach einer Hundefigur, doch Theo ist schneller. Er schnappt sich zur Sicherheit blitzschnell alle Figuren.

„Das sind meine!", ruft er entschlossen.

„Ich will auch gerne damit spielen", antwortet Franzi.

„Nein, das darfst du nicht. Ich habe die jetzt alle alleine", entgegnet Theo trotzig, obwohl er gar nicht alle Figuren festhalten kann.

Franzi geht zur Spielküche. Theo kommt ihr mit seinen Hunden im Arm sofort hintergerannt und sagt mit fester Stimme: „Mit der Küche darfst du auch nicht spielen. Die brauche ich nämlich gleich."

Franzi ist ratlos. Enttäuscht läuft sie zu Mama und Theos Mutter.

„Theo sagt, dass ich nicht mit seinen Sachen spielen darf", erzählt sie.

„Komm, wir klären das", sagt Theos Mama.

Gemeinsam gehen sie zu Theo. „Stimmt es, dass du deine Spielsachen für dich alleine haben möchtest?", erkundigt sich Theos Mama. Theo nickt und hält die Hunde noch immer fest im Arm.

„Ich denke, Franzi wird gut mit deinen Spielsachen umgehen und du bekommst sie danach auch ganz bestimmt wieder zurück", erklärt Theos Mama. „Franzi wird es sonst wahrscheinlich bald langweilig bei dir, wenn sie nur zuschauen und nicht selbst spielen darf."

Theo überlegt kurz. Dann reicht er Franzi eine Hundefigur. Richtig zufrieden ist Franzi damit nicht. Theo hat immer noch viel mehr zum Spielen als sie.

Franzi ist traurig.

Da hat Theos Mama eine Idee: „Wisst ihr was? Ich denke, dass die Hunde superhungrig sein müssen. Die haben bestimmt heute Morgen schon Einiges erlebt. Was haltet ihr davon, wenn Franzi den Hunden in der Kinderküche ein paar Leckerlis zubereitet?"

„Oh ja!", ruft Theo freudig. „Der gelbe Hund hat am meisten Hunger. Er liebt Würstchen", fügt er hinzu. Franzi geht zur Spielküche. Sie kocht den Hunden ein köstliches Essen und Theo füttert die Hunde damit. Theo hat richtig Spaß dabei und für Franzi passt es jetzt gut, dass ihre Mutter nun in den Supermarkt fährt und sie danach wieder abholt.

Worum geht's?

1. Kinder werden egoistisch geboren. Dies sicherte ihnen früher das Überleben, als es in Großfamilien nicht für alle genug zu essen gab. Nicht teilen zu wollen ist somit evolutionsbegründet und völlig normal.

2. Das soziale Miteinander lernen Kinder erst im Laufe ihrer Entwicklung. Ab etwa vier Jahren können sich Kinder in eine andere Person hineinversetzen.

3. Diese Perspektivübernahme gelingt ihnen aufgrund fehlender Gehirnreife in jüngeren Jahren noch nicht.

Wie können Sie hilfreich sein?

Ihrem Kind fällt es noch schwer, sich in ein anderes Kind hineinzuversetzen. Erklären Sie die Situation in aller Ruhe und betonen Sie dabei, wie langweilig es ist, wenn man Spielsachen für sich alleine haben möchte.

Spielsachen teilen: Tipps

- Spielsachen haben für Kinder einen besonderen Stellenwert. Überlegen Sie sich, wie gerne Sie Ihr Auto, Ihr Fahrrad oder Ihr Handy verleihen. Dann können Sie ungefähr nachvollziehen, wie gerne Ihr Kind seinen Teddy oder die neue Spielküche an jemand anderes abgibt.

- Versetzen Sie sich in das jeweilige Kind und übersetzen Sie seine Gedanken und Gefühle.

- Helfen Sie, eine passende Lösung für die beteiligten Kinder zu finden, und beziehen Sie die Kinder bei der Lösungssuche mit ein.

- Lassen Sie die Kinder selbst Lösungsvorschläge überlegen, diese können viel kreativer sein als das, was Ihnen als erwachsener Person in den Sinn kommt.

- Ermöglichen Sie Ihrem Kind auch, solche Konfliktmomente selber durchzustehen und zu erleben, was die fehlende Bereitschaft zu teilen auslösen kann. Dadurch können eigene Lösungsstrategien erarbeitet werden.

- Fällt Ihrem Kind das Teilen und Abgeben noch richtig schwer, besprechen Sie im Vorhinein, welches Spielzeug an einen sicheren Ort gelegt wird und welches für alle im Zimmer bleibt.

- Sorgen Sie dafür, dass Besucherkinder nicht ungefragt Zugang zu Kinderzimmer und Lieblingsspielzeug erhalten.

Wie gut kannst du Spielsachen teilen?

gar nicht gut   sehr gut

Hast du ein Lieblingsspielzeug?

Ja ☐   Nein ☐

Wer spielt am liebsten mit dir? Schreibe es auf.

Welche Spielsachen versteckst du, damit du sie nicht mit deinem Besuch teilen musst? Male sie auf.

73

Das hat gut funktioniert

CHARLOTTE STREITET SICH

Charlotte sitzt in ihrem Zimmer, das sie sich mit ihrem Zwillingsbruder Felix teilt. Sie hört ein Hörspiel: Die spannende Geschichte handelt von einem Wolf, der im Wald keinen einzigen Freund findet, weil er zu den anderen Waldtieren gemein ist.

Interessiert lauscht Charlotte der Wolfsgeschichte und baut währenddessen mit vielen bunten Holzbausteinen einen Zoo für ihre Tierfiguren auf. Währenddessen braust ihr Bruder Felix mit seinem ferngesteuerten Auto von Zimmer zu Zimmer und macht dabei die Motorengeräusche lautstark nach: „Brrrrummmm brrrrummmmm ..."

Plötzlich kommt Felix mit seinem Auto zu Charlotte und brummt auch hier lautstark mit. Charlotte kann ihre Wolfsgeschichte deshalb kaum noch verstehen.

„Geh raus, Felix!", fordert sie ihren Zwillingsbruder auf.

„Das ist auch mein Zimmer. Ich darf hier fahren!", entgegnet Felix.

Charlotte versucht es erneut, aber Felix bleibt im gemeinsamen Zimmer. Charlotte weiß nicht, was sie machen soll. Sie möchte, dass ihr Bruder aus dem Zimmer geht. Deshalb steht sie auf und schubst ihn. Felix lässt sich das nicht gefallen. Er schubst Charlotte ebenfalls und zieht sie obendrein an den Haaren.

„Aua!", schreit Charlotte und fängt an zu weinen.

Mama hat den Streit mitbekommen und fragt: „Was ist denn hier los? Ihr benehmt euch wie zwei raufende Wölfe."

„Charlotte hat angefangen!", ruft Felix.

„Weil du nicht rausgegangen bist!", entgegnet ihm seine Zwillingsschwester.

„Wir setzen uns jetzt ins Wohnzimmer und dann klären wir das gemeinsam", meint Mama. „Wisst ihr, welches Tier ein prima Streitschlichter ist?"

Beide Geschwister schütteln den Kopf. Mama greift nach der Spielgiraffe aus Charlottes Bett und sagt: „Die Giraffe hat ein riesengroßes Herz. Damit spürt sie besonders gut, wie es anderen geht und was sie brauchen können. Außerdem stellt sie richtig gute Fragen."

Mama tut nun so, als würde die Giraffe sprechen: „Charlotte, ich habe mitbekommen, dass du sauer warst, als Felix hier im Zimmer war. So sauer, dass du ihn geschubst hast. Was hat dich denn so verärgert?", fragt die Giraffe.

„Felix war viel zu laut", begründet Charlotte.

„Und du magst es nicht, wenn er laut ist? Tut dir das in den Ohren weh?", fragt die Giraffe.

„Nein, ich konnte das Hörspiel nicht mehr hören", klärt Charlotte auf.

„Aha, ich verstehe. Du wolltest gern ungestört deine Geschichte hören. Dein Bedürfnis war es, deine Ruhe zu haben", fasst die Giraffe zusammen.

Charlotte nickt. Sie ist erleichtert, dass die Giraffe sie versteht.

„Felix, hast du gewusst, dass deine Schwester ihr Hörspiel nicht in Ruhe hören konnte und sie deshalb sauer war?", fragt die Giraffe.

„Nein. Charlotte hat mich rausgeschickt. Aber ich wollte im Zimmer spielen", erklärt Felix.

„Aha, ich verstehe. Dein Bedürfnis war es, zu spielen. Ich kann euch beide total gut verstehen. Habt ihr eine

Idee, was ihr tun könnt, damit sich euer Bedürfnis erfüllt?",
fragt die Giraffe.

Beide Geschwister überlegen. Felix hat einen Vorschlag: „Ich kann im Wohnzimmer mit meinem Auto fahren. Aber dafür möchte ich später im Zimmer spielen." Charlotte freut sich, dass ihr Bruder bereit ist, mit dem Auto woanders zu fahren.

„Okay, dann sag ich dir, wenn mein Hörspiel zu Ende ist, und mache anschließend mit Mama im Wohnzimmer etwas", schlägt sie daraufhin vor. Mit der Idee ist Felix einverstanden.

Mama umarmt beide Kinder und sagt: „Es freut mich sehr, dass ihr eine friedliche Lösung gefunden habt."

Worum geht's?

1. Kinder streiten aus der Urangst heraus, nicht genug zu bekommen. Früher hatten jene Kinder die besten Überlebenschancen, welche die größte Aufmerksamkeit ihrer Eltern erhielten.

2. Streit unter Geschwistern ist normal. Allerdings sollen negative Gefühle und Aggression aufgegriffen und besprochen werden.

Wie können Sie hilfreich sein?

Bringen Sie Ihrem Kind/Ihren Kindern eine positive Streitkultur bei. Üben Sie sich selbst in Gewaltfreier Kommunikation (GFK).

Gewaltfrei kommunizieren und richtig streiten: Tipps

- Das Konzept der Gewaltfreien Kommunikation hat Marshall B. Rosenberg entwickelt und es besteht aus vier Schritten („Ich habe gehört/gesehen", „Ich fühle mich", „Ich brauche", „Meine Bitte").

- Erlauben Sie Ihrem Kind/Ihren Kindern zu streiten. So lernt es/lernen sie soziale Fähigkeiten.

- Besonders älteren Kindern fällt es schwer, Geschwisterkinder zu akzeptieren. Vor allem, weil Babys sowie jüngere Geschwister ganz viel elterliche Zuwendung und Fürsorge benötigen.

- Greifen Sie bei gewaltvollem Streiten ein, stoppen Sie die Gewalt und lotsen Sie Ihr Kind/Ihre Kinder durch den Streit.

- Das machen Sie, indem Sie sich in Ruhe anhören, was passiert ist.

- Kann Ihr Kind/können Ihre Kinder dies noch nicht selbstständig kommunizieren, dann sprechen Sie Ihre Gedanken zur Situation laut aus.

- Helfen Sie, zu erarbeiten, welches Bedürfnis bzw. welche Bedürfnisse erfüllt werden möchte/n, und ermöglichen Sie den Kindern, anschließend eine für beide Seiten passende Lösung zu finden.

- Behandeln Sie jedes Kind als Individuum und verzichten Sie selbst auf Vergleiche zwischen den Kindern.

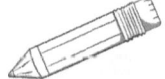

Wie gut kannst du Streit lösen?

gar nicht gut   sehr gut

Hast du auch manchmal einen Streit?

Ja ☐   Nein ☐

Wer hilft dir, wenn zu viel gestritten wird? Schreibe es auf.

Mit wem hattest du zuletzt Streit? Male es auf.

Das hat gut funktioniert

MATHILDA RÄUMT AUF

Mathilda hat Besuch von ihrer Freundin Lilli. Lillis Eltern sind ebenfalls mitgekommen. Nun sitzen alle im Wohnzimmer, trinken Tee und Saft und unterhalten sich. Mathilda findet das ziemlich langweilig. „Komm, wir gehen in mein Zimmer und spielen mit dem Puppenhaus", schlägt sie deshalb vor. „Au ja!", freut sich Lilli.

Gemeinsam richten die beiden das Puppenhaus ein. Danach leert Lilli die Kiste mit den Puppenkleidern aus. „Welches Kleid findest du am allerschönsten?", fragt Lilli Mathilda. „Mir gefällt das Regenbogenkleid am besten", antwortet Mathilda. „Das silberne Glitzerkleid ist auch wunderschön", stellt Lilli fest.

„Lass uns noch eine Höhle bauen!", schlägt Mathilda vor, als alle Puppen angekleidet sind, und Lilli stimmt freudig zu. Sie hängen Decken und Tücher über zwei Stühle und einen Besen und machen es sich darunter bequem. Plötzlich ruft Lillis Mama aus dem Wohnzimmer: „Lilli, wir wollen bald gehen! Fangt doch bitte schon einmal damit an, aufzuräumen."

Doch Mathilda und Lilli denken gar nicht ans Aufräumen. Sie spielen lieber weiter mit der Taschenlampe und leuchten ihre Höhle aus.

Als sie hören, dass jemand ins Zimmer gelaufen kommt, verstecken sie sich blitzschnell in der letzten Ecke der Höhle. „Hey, ihr zwei Frechdachse, wo seid ihr?", fragt Mathildas Mama lachend. Mathilda und Lilli müssen kichern und Mathildas Mama findet die zwei sofort.

„Oh, das sieht wirklich sehr abenteuerlich aus bei euch", sagt sie. „Ihr habt toll gemeinsam gespielt. Jetzt wollen wir damit anfangen, das Zimmer wieder aufzuräumen, weil sich Lilli und ihre Eltern bald verabschieden werden."

„Nein, wir wollen nicht", antwortet Mathilda. „Ich helfe euch. Teilen wir uns auf, wer welche Spielsachen wegräumt?", schlägt Mathildas Mama vor.

„Ich will nicht, dass Lilli geht!", ruft Mathilda enttäuscht. „Oh, das glaube ich dir", antwortet ihre Mama und überlegt kurz. „Wie wäre es, wenn du Lilli nach dem Aufräumen deinen Erinnerungsschatz zeigst?" „Oh ja!", ruft Mathilda fröhlich.

„Mathilda, du räumst bitte die Puppenhausmöbel zurück in die Kiste, und du, Lilli, die vielen Kleider in die Box", schlägt Mathildas Mama vor. „Ich setze die Kuscheltiere wieder hinauf ins Regal." Lilli ist schon sehr neugierig, was genau der Erinnerungsschatz ist, und beginnt fleißig mit dem Aufräumen.

„Mama, ich würde gern morgen noch einmal mit der Höhle spielen. Können wir die Decken hängen lassen?", fragt Mathilda. „Ja, das passt", nickt ihre Mama. Gemeinsam geht das Aufräumen blitzschnell.

Als alles wieder seinen richtigen Platz gefunden hat, holt Mathilda den Erinnerungsschatz aus dem Bücherregal. Sie zeigt Lilli ein dickes Buch, das sie mit vielen Glitzersteinchen und bunten Stickern dekoriert hat. „In den Erinnerungsschatz male ich immer dann hinein, wenn etwas ganz, ganz besonders schön war. Manchmal schreiben Mama oder Papa noch etwas dazu. Schau, hier waren wir im Zoo, da habe ich einen Elefanten gemalt. Und guck, hier war ich mit Oma Eisessen, deshalb habe ich ein großes Eis gemalt", erzählt Mathilda stolz.

„Das sieht wirklich sehr schön aus!", sagt Lilli beeindruckt. Mathilda schnappt sich ihre Buntstifte und malt sich und ihre Freundin Lilli in den Erinnerungsschatz. Über die zwei gemalten Freundinnen zeichnet sie ein großes, rotes Herz, weil sie ihre Freundin so gern hat.

Worum geht's?

1. Das Bedürfnis nach Ordnung haben meistens Sie als Eltern und nicht Ihr Kind.

2. Überlegen Sie sich daher, wann Aufräumen nötig ist und wann es aufgeschoben werden kann.

3. Damit Ihr Kind erfolgreich aufräumen kann, muss es wissen, wohin die Sachen gehören.

Wie können Sie hilfreich sein?

Im Kindergartenalter braucht Ihr Kind noch Unterstützung beim Aufräumen. Es ist leichter für Ihr Kind, wenn das Spieleregal übersichtlich gestaltet ist.

Praktische Tipps zum Aufräumen: Tipps

- Kündigen Sie an, dass bald Zeit zum Aufräumen ist. Dadurch kann sich Ihr Kind gedanklich schon darauf einstellen und muss das Spielen nicht plötzlich beenden.

- Stellen Sie dazu einen Timer auf zehn Minuten oder sagen Sie: „Wenn ich meine Tasse Kaffee leergetrunken habe, möchte ich, dass wir gemeinsam aufräumen."

- Vermitteln Sie, dass Ordnung schaffen Spaß macht. Hören Sie dabei Lieblingslieder oder singen Sie gemeinsam ein Aufräumlied, zum Beispiel: „1-2-3, das Spielen ist vorbei. Von dem Tisch und von dem Boden wird jetzt alles aufgehoben. 1-2-3, das Spielen ist vorbei."

- Sie können das Aufräumen interessanter gestalten, indem Sie zuerst alle blauen, danach die roten und dann die grünen Sachen einsortieren.

- Geben Sie Ihrem Kind konkrete Aufträge. Möchte Ihr Kind lieber selbst entscheiden, was es aufräumt, dann akzeptieren Sie diesen Vorschlag.

- Motivieren Sie Ihr Kind zum Aufräumen, indem Sie etwas Schönes im Anschluss an das Aufräumen in Aussicht stellen wie z.B. ein gemeinsames Spiel, im Fotoalbum blättern oder zum Spielplatz gehen.

- Spielsachen sind attraktiver, wenn sie gelegentlich ausgetauscht werden und manches für eine gewisse Zeit nicht verfügbar ist.

Wie gut kannst du schon alleine deine Spielsachen aufräumen?

gar nicht gut   sehr gut

Hast du einen Spielsachenschrank?

Ja ☐   Nein ☐

Wer hilft dir beim Aufräumen? Schreibe es auf.

Was ist das Schönste, wenn Besuch zum Spielen kommt? Male es auf.

Das hat gut funktioniert

SOFIA SCHLÄFT GUT EIN

Ein langer und ereignisreicher Tag geht zu Ende. Sofia war mit ihren Eltern in einem Spaßschwimmbad. Die Fahrt dorthin hat mehr als eine Stunde gedauert. Deshalb musste Sofia früher als sonst aufstehen. Im Schwimmbad gab es viele Rutschen und ein großes Becken mit Wellen. Sofia wollte alles erkunden und ist jetzt richtig müde. Beim Abendessen wäre sie beinahe vor ihrem Teller eingeschlafen.

Sich bettfertig zu machen, fiel Sofia nach solch einem langen Tag wirklich schwer. Mama hat ihr deshalb geholfen, den Schlafanzug anzuziehen, und hat ihr die Zähne geputzt.

Nun liegt Sofia hundemüde, aber glücklich, in ihrem kuscheligen Bett. Mama deckt sie mit der weichen, blauen Sternenbettdecke zu, und Sofia schmiegt sich ganz fest an ihr Kuscheltier Hasi. Hasi lebt schon bei Sofia, seit sie ein Baby war. Hasi ist für Sofia sehr wichtig. Sie kuschelt jeden Abend mit ihm.

Mama setzt sich neben Sofia und erzählt noch einmal, was sie heute alles gemeinsam erlebt haben: „Wir hatten einen wirklich schönen Familienausflug ins Schwimmbad. Vor allem sind wir ganz oft die große Wasserrutsche runtergerutscht und haben mit Papa im Kinderbecken mit dem roten Wasserball gespielt. Davon sind wir richtig hungrig geworden und haben knusprige Pommes mit Ketchup und Mayonnaise gefuttert. Danach haben wir auf dem Handtuch das Memory mit den Fahrzeugbildern gespielt. Du kannst dir besonders gut merken, wo die Karten liegen. Deshalb hast du immer gewonnen." Sofia nickt stolz. Memoryspielen kann sie wirklich sehr gut.

Mama fragt Sofia abends oft, was ihr tagsüber am besten gefallen hat. Heute muss Sofia nicht lange überlegen: „Am besten war die Rutsche!", erzählt sie begeistert.

„Die hat mir auch eine Menge Spaß gemacht", sagt Mama.

„Und ich fand es total witzig, als ich mit Papa die Wasserschlacht gemacht habe", fügt Sofia noch hinzu.

„Stimmt, dabei haben wir auch viel gelacht. Und worauf freust du dich morgen?", möchte Mama wissen.

„Darauf, dass ich mein neues lila Kleid anziehen kann", antwortet Sofia freudig.

„Ja, das sieht sehr schön aus", stimmt Mama ihr zu. „Dann sage ich Papa gleich noch, dass er morgen daran denkt. Er passt morgen auf dich auf, denn ich habe meinen langen Arbeitstag. Und nun ist es Zeit zum Schlafen. Gute Nacht, meine kleine Wasserratte", lächelt Mama.

Mama nimmt eine große Bastelfeder, mit der sie Sofia über das Gesicht streicht. Diese Federmassage mag Sofia sehr gerne. Sie genießt es, wenn Mama oder Papa das bei ihr machen.

Nachdem Mama mit der Bastelfeder über Sofias Stirn, die Nase, die Lippen und die Wangen gestreichelt hat, schläft Sofia ganz schnell ein.

Vorher flüstert Mama ihr noch sanft ins Ohr: „Ich habe dich ganz doll lieb. Bis zum Mars und wieder zurück. Und noch viel weiter."

Sofia schläft tief und fest und träumt von lustigen Fahrten auf der Wasserrutsche.

Worum geht's?

1. Das Einschlafen ist für jüngere Kinder eine sehr spezielle Situation, in der sie auch Trennungsangst verspüren können.

2. Evolutionsbedingt war es wichtig, in engem Körperkontakt einzuschlafen, um sich vor wilden Tieren zu schützen.

3. Es ist sinnvoll, eine stressfreie Umgebung zum Schlafen zu schaffen, Abendrituale rechtzeitig zu beginnen und sie zeitnah zu beenden.

Wie können Sie hilfreich sein?

Legen Sie sich zu Ihrem Kind, wenn es Angst hat, alleine einzuschlafen. Klären Sie vorher, wann Sie wieder aufstehen. Beruhigen Sie Ihren Puls durch tiefe Atmung und nutzen Sie die Bettbringzeit zur eigenen Erholung.

Geborgen Einschlafen: Tipps

- Überreizte Kinder kommen abends deutlich schwerer zur Ruhe.

- Schieben Sie deshalb tagsüber Ruhezeiten ein, z.B. nach dem Mittagessen eine halbe Stunde vorlesen und ausruhen oder in Ruhe basteln.

- Erleichtern Sie mit einer kleinen Massage, einer Phantasiereise oder mit Einschlafliedern den Übergang in den Schlaf.

- Reflektieren Sie den Tag und heben Sie besonders schöne Momente hervor.

- Auch ein gesundes und zuckerfreies Abendessen trägt zu einem besseren Ein- und Durchschlafen bei.

- Zu salzige, süße oder fettreiche Mahlzeiten können ein ungewollter Muntermacher am Abend sein.

- Darüber hinaus können zuckerhaltige Lebensmittel die Schlafqualität negativ beeinflussen. Zucker lässt den Blutzuckerspiegel rasant ansteigen und kann für einen kurzzeitigen Energieschub sorgen.

- Frische Luft vor dem Einschlafen wirkt sich positiv auf das Schlafverhalten aus.

- Prüfen Sie auch die Luftqualität und Luftfeuchtigkeit im Schlafraum.

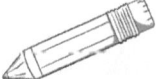
Wie gut kannst du alleine einschlafen?

gar nicht gut   sehr gut

Hast du ein eigenes Bett?

Ja ☐   Nein ☐

Wer hilft dir beim Einschlafen? Schreibe es auf.

Was macht dein Bett gemütlich? Male es auf.

97

Das hat gut funktioniert

EMMA TRÄUMT SCHLECHT

Emma liegt in ihrem Hochbett und schläft. Mitten in der Nacht wird sie weinend wach und ruft: „Papa! Papaaaa!" Papa kommt verschlafen ins Zimmer und streichelt Emma sanft über den Rücken. „Was ist denn los, mein Schatz? Hast du schlecht geträumt?"

Emma weint immer noch und kann sich erst beruhigen, als Papa sie ganz fest in den Arm nimmt. „Du hast bestimmt einen Albtraum gehabt und hast deshalb Angst. Magst du heute bei Mama und mir im Bett schlafen?", fragt er.

Emma nickt und ist erleichtert, dass sie heute Nacht nicht alleine sein muss. Sie nimmt Papas Hand, hält diese ganz fest und geht mit Papa gemeinsam ins Schlafzimmer. Dort schlüpft sie schnell unter Mamas warme Bettdecke. Emma schmiegt sich ganz fest an Mama. Dadurch verschwindet ihre Angst allmählich, denn hier fühlt sie sich geborgen und sicher, sodass sie schnell wieder einschläft.

Am nächsten Morgen fragt Papa: „Weißt du noch, was du letzte Nacht geträumt hast?"

Emma nickt und erzählt ganz aufgeregt: „Da war ein ganz großer fliegender Drache in unserem Haus. Der war schwarz, hatte große rote Augen und konnte Feuer spucken. Er sah total gruselig aus."

„Das hört sich sehr unheimlich an. Das war ein blöder Albtraum. In Wirklichkeit gibt es keine Drachen", versichert ihr Papa. Er erzählt: „Stell dir vor, dass der Drache von heute Nacht gar nicht schwarz war, sondern kunterbunt. Er leuchtete in vielen verschiedenen Farben – gelb, grün, blau, rot, orange, lila und rosa. Und der Drache hatte von seiner Freundin zum Geburtstag nigelnagelneue Rollschuhe geschenkt bekommen. Die wollte er einmal ausprobieren. Aber da gab es ein Problem, der Drache war nämlich sehr tollpatschig. Deshalb fuhr er beim ersten Rollschuhfahrversuch gegen ein großes schwarzes Tintenfass und landete mitsamt seinen Rollschuhen darin. Nun war er auf einmal nicht mehr bunt, sondern schwarz."

„Wo wollte der Drache denn hinfahren?", fragt Emma. „Hast du eine Idee?", fragt Papa zurück.

„Vielleicht zu einem Einhorn?", vermutet Emma.

„Das kann sein. Denn seine beste Freundin war tatsächlich ein Einhorn. Und sie hatte ihn zu einem lustigen Teekränzchen eingeladen. Meinst du, dass der Drache mit seinen Rollschuhen nach dem Unfall mit dem Tintenfass noch zu seiner Einhorn-Freundin gefahren ist?"

„Nein, der musste sich doch erst einmal waschen", meint Emma.

„Stimmt. Hat er denn eine Badewanne?", fragt Papa.

„Ja, und beim Baden hat er extra ganz viel Schaum gemacht, damit die schwarze Farbe wieder abgeht", erklärt Emma.

„Das klingt logisch. Und weil er so wahnsinnig tollpatschig ist, hat er dabei den Schaum aus Versehen im kompletten Badezimmer verteilt. Der Schaum war auf dem Boden, im Waschbecken, am Spiegel und sogar auf der Toilette. Herrje, was für ein Schlamassel. Der Drache kann einem mit seiner Tollpatschigkeit fast schon leid tun", fügt Papa hinzu.

„Wollen wir den bunten Drachen malen?", schlägt Papa vor. Den Vorschlag findet Emma prima. Gemeinsam mit Papa malt sie einen kunterbunten Drachen, der bei seiner Einhorn-Freundin am Tisch sitzt und lauwarmen Schokoladenkuchen mampft.

Worum geht's?

1. Laut dem Entwicklungspsychologen Jean Piaget durchlaufen alle Kinder ab 3 Jahren die sogenannte „magische Phase".

2. In dieser Zeit kann das Kind nicht zwischen Realität und Fantasie unterscheiden.

3. Die magische Phase dauert meist bis in das Vorschulalter hinein, kann jedoch, je nach Veranlagung und individuellem Entwicklungsstand, darüber hinausgehen.

Wie können Sie hilfreich sein?

Beruhigen und trösten Sie Ihr Kind. Es muss sich nach einem Albtraum sicher und geborgen fühlen. Vermitteln Sie Ihrem Kind, dass der Albtraum nur ein Traum war und es im Hier und Jetzt sicher ist.

Magisches Denken und Albträume: Tipps

- Das magische Denken erstreckt sich neben positiv besetzten Figuren (z.B. Feen, sprechende Tiere, Osterhase) gleichzeitig auf negative Vorstellungen (z.B. Hexen, Monster, Drachen, Geister) und fühlt sich für das Kind real an.

Wenn Ihr Kind Albträume hat:

- Besprechen Sie die Inhalte des Traumes am nächsten Tag.

- Finden Sie dadurch heraus, welche realen Ängste im Albtraum stecken.

- Denken Sie sich mit Ihrem Kind ein gutes Ende für den Albtraum aus.

- Vielleicht mag Ihr Kind den Albtraum aufzeichnen und Sie dichten anschließend gemeinsam die Geschichte um.

- Erklären Sie Ihrem Kind, dass es normal ist, ab und zu schlecht zu träumen.

- Der Konsum von ungeeigneten Medien kann Kinder überfordern und somit Albträume begünstigen. Deshalb sollte die Film- und Serienauswahl nicht nur dem biologischen Alter, sondern auch dem tatsächlichen Entwicklungsalter und der Lebenssituation Ihres Kindes angepasst sein.

- Altersfreigaben der Hersteller müssen nicht Ihrer eigenen Einschätzung als Eltern entsprechen. Trauen Sie bei der Auswahl der gewählten Sendungen Ihrem Gefühl.

Wie gut kannst du durchschlafen?

gar nicht gut   sehr gut

Hattest du schon mal einen Albtraum?

Ja ☐   Nein ☐

Wer beruhigt dich nach einem schlechten
Traum? Schreibe es auf.

Welche Fantasie-Tiere helfen am besten
gegen schlechte Träume? Male sie auf.

105

Das hat gut funktioniert

WAS BRAUCHST DU?

Mit der Giraffensprache und Gewaltfreier Kommunikation Konflikte kindgerecht lösen

Ein Buch von Hanna Grubhofer, Sigrun Eder und Barbara Weingartshofer (Illustrationen)

Emil Erdmännchen möchte mit seiner Familie und seiner Freundin Carla Chamäleon einen Ausflug zum himmlisch duftenden Beerenstrauch machen. Doch Carla Chamäleon hat keine Lust, und Emil Erdmännchen versteht nicht, wieso. Bevor es zum Streit kommt, taucht Gino Giraffe auf. Was für ein Glück!

Gino Giraffe erklärt Emil Erdmännchen und Carla Chamäleon ihre Bedürfnisse. Auch Mia Maus, Balduin Bär, Pedro Pfau, Martha Maulwurf und einige andere Tierkinder kommen sich mit dem, was sie brauchen, in die Quere. Gino Giraffe ist immer zur Stelle und zeigt ihnen, was genau für sie im Moment wichtig ist.

Das fröhlich illustrierte Bilder-Erzählbuch „Was brauchst du?" im handlichen A5-Format unterstützt Kinder dabei, Gefühle und Bedürfnisse zu erkennen, um für jeden eine passende Lösung zu finden. Die Gewaltfreie Kommunikation (GFK) hilft dabei, Konflikte zu lösen. Zahlreiche, auf gut beschreibbarem Papier gedruckte Mit-Mach-Seiten zum Malen, Aufschreiben und Reden im Anschluss an die Geschichte befähigen junge LeserInnen dazu, sich selbst und andere besser zu verstehen. Als Bonus-Material gibt es die Tiere und ihre Bedürfnisse zum Ausmalen und Ausschneiden. Auf Karton geklebt können Kinder so ihre eigenen Bedürfniskärtchen basteln und Lösungen für Konflikte finden.

>> Auch als Hörbuch erhältlich!

edition riedenburg

Im (Internet-)Buchhandel und auf editionriedenburg.at

SOWAS!
SOWAS-Buch.de

„Du bist ein Tollpatsch!", „Du bist ein Wirbelwind!", „Du bist ein Vergissmeinnicht!" – Sätze wie diese hört Lucca viel zu oft, und das macht keinen Spaß.

„Du hast ADHS. Dein Gehirn funktioniert anders als bei den meisten anderen Kindern", erklärt die Psychologin. Lucca hat einen Mangel an Botenstoffen, die für Motivation und Aufmerksamkeit im Gehirn zuständig sind. Damit aus Lucca trotz ADHS-Turbo ein Kind mit ganz viel positiver Selbstwahrnehmung wird, braucht es den gezielten Blick auf die Stärken. „Du bist ein Löwen-Beschützer!", sagt Luccas Schwester. Und schon fallen ihm viele weitere Dinge ein, die er besonders gut kann. Das macht Lucca glücklich.

In diesem Buch lernen Kinder ab 6 Jahren durch Positive Psychologie, wie sie persönliche Ziele benennen und ihre Ressourcen aktivieren. Im Anschluss an die bunt illustrierte Geschichte liefern zahlreiche Mitmach-Seiten jede Menge supergute ADHS-Ideen.

Supergut mit ADHS – Das Turbo-Tagebuch für deine Ressourcen
Die perfekte Ergänzung für 12 Wochen Selbstbeobachtung. Zum Erlernen und Üben wichtiger Fähigkeiten: Empathie, Entspannung, Fairness, Freundschaft, Gefühle, Hobby, Kreativität, Motivation, Optimismus, Selbstbewusstsein, Stressbewältigung und Zielverfolgung.

SOWAS-Buch.de

Schule und Hausaufgaben sind für Max die reinste Qual.

Mal ist er verträumt und schusselig, dann wieder übertrieben aktiv. Die kleinste Unstimmigkeit bringt ihn auf die Palme.

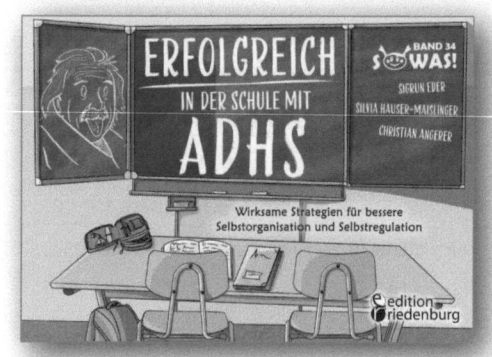

Wie kann Max Gedanken, Gefühle und Verhalten besser wahrnehmen und steuern, damit in der Schule und zu Hause mit ADHS-Turbo alles einfacher wird?

In diesem Buch lernen Kinder ab 6 Jahren, das eigene Handeln bewusster wahrzunehmen und gezielt dort anzusetzen, wo es nötig ist. Der individuelle Wochenplaner hilft, Pflichten und angenehme Aktivitäten im Blick zu haben. Das macht selbstwirksamer, selbstbewusster und das Leben schöner.

Keine KI
in unseren Büchern!

SOWAS! Die erfolgreiche psychologische Kinder- und Jugendsachbuchreihe

SOWAS-Buch.de

SOWAS-Buch.de